Inhalt

Öko-Energie in Deutschland - wie deutsche Unternehmen davon profitieren

Kernthesen

Beitrag

Fallbeispiele

Weiterführende Literatur

Impressum

Öko-Energie in Deutschland - wie deutsche Unternehmen davon profitieren

M.Dengl

Kernthesen

- Die Bedeutung regenerativer Energien wie Sonne, Wind oder Wasser wächst kontinuierlich und bietet Unternehmen neue Chancen.
- Deutschland fördert die Öko-Energien mit Milliarden, dadurch entsteht ein riesiger Wachstumsmarkt im Bereich der Solar- und Windenergie. Deutsche Unternehmen profitieren davon und expandieren stark, nicht zuletzt auch im Ausland.

- Der Ausbau erneuerbarer Energien benötigt "intelligente" Stromnetze, was dem Markt zusätzliches Entwicklungspotential bietet.

Beitrag

Öko-Energie in Deutschland - eine Fokussierung, die sich rechnet?

Deutschland hat sich gegenüber der Europäischen Union verpflichtet den CO_2-Ausstoß im Vergleich zum Jahr 1990 bis 2020 um dreißig Prozent zu reduzieren. Zudem steht der Ausstieg aus der Atomkraft fest, trotz einer möglichen Verlängerung der Laufzeiten für Atommeiler. Deutschland bleibt also gar nichts anderes übrig, als auf regenerative Energien zu setzen, um die Klimaschutzziele zu erreichen. Eine große Rolle spielt dabei die Windenergie. Bereits jetzt sind ca. 21 000 Windmühlen in Deutschland installiert. Diese decken rund sechs bis sieben Prozent des deutschen Strombedarfs ab. Allein dieser Bereich bilanzierte im Krisenjahr 2009 noch einmal ein Plus von 15 Prozent, dank 952 neuer Windräder. Und der Markt bleibt agil. Der erste und bisher einzige Offshore-Windpark Alpha Ventus ist eben erst fertig geworden, weitere sollen folgen. Vom Bau der Windparks oder anderen alternativen Energieanlagen in ganz Europa profitieren nicht nur deutsche Konzerne wie E.ON, Siemens und RWE, sondern auch viele Mittelständler, die sich im Öko-Energiebereich vor dem Hintergrund der Klimaschutzziele strategisch positionieren. (1)

"Intelligente" Stromnetze - Potenzial wie das Internet?

Will Deutschland seinen Strombedarf zukünftig zum großen Teil aus erneuerbaren Energien decken, haben die Versorger ein großes Problem mit der Ökoenergie zu lösen: sie lässt sich nur schwer managen. Weht viel Wind, wird viel Strom erzeugt. Gleiches gilt für die Sonne. Aber wie die Energie sinnvoll speichern, wenn sie gerade nicht gebraucht wird? Um den Strom besser kontrollieren zu können, werden daher bereits Wasserkraftwerke und Photovoltaik-, Wind- und Biogasanlagen zu kleinen Kraftwerken zusammengefügt. Um erneuerbare Energien also wirklich managen zu können, muss das Stromnetz "intelligent" werden: Strom abgeben, wenn benötigt und ihn ansonsten speichern. Voraussetzung hierfür ist allerdings die Einführung sogenannter Smart Metering Lösungen für Datenflüsse via digitaler Stromzähler von den Energieversorgern zu ihren Kunden und umgekehrt. Hierüber können alternative

Stromerzeugungsquellen wie Photovoltaik- oder Windkraftanlagen in ein intelligentes Stromnetz - auch Smart Grid genannt - integrieren. Erklärtes Ziel ist es bis 2016 bundesweit ein intelligentes Stromnetz aufzubauen, damit bis 2020 etwa 30 Prozent der Stromversorgung mit erneuerbaren Energien abgedeckt werden kann.Derzeit laufen einige deutsche Forschungsprojekte, die intelligente Stromnetze erforschen und testen. Laut der Europäischen Kommission werden bis 2030 Investitionen in Höhe von rund 400 Milliarden Euro nötig, um intelligente Stromnetze in ganz Europa zu entwickeln. Eine Chance für Energieversorger und IT-Konzerne, denn es geht hier um ein sehr lukratives neues Marktsegment. Das Potenzial des innovativen Stromnetzes erscheint enorm und wird bereits mit der Entwicklung des Internets verglichen. Fachleute gehen von Summen zwischen 20 bis 40 Milliarden Euro für den weltweiten Ausbau aus. Deutsche Unternehmen wie SAP haben sich bereits in Stellung gebracht und sorgen für die richtige Software. Sie arbeiten eng mit Stromkonzernen wie EnBW und RWE zusammen. Unternehmen wie Siemens sorgen für die Technik zur Steuerung der Netze und rechnet schon mit Smart-Grid-Umsätzen von bis zu sechs Milliarden Euro. Eine ganze Reihe von Konzernen und Mittelständlern suchen derzeit aber noch ihre Strategie, um noch auf den schon angefahrenen Zug aufzuspringen. (3), (10)

Trends

Investitionen in erneuerbare Energien verdoppeln sich

Laut einer Studie von Prognos, die im Auftrag des Bundesverbandes Erneuerbare Energie (BEE) und der Deutschen Messe AG entstanden ist, verdoppeln sich bis zum Jahr 2020 die jährlichen Investitionen für den Ausbau von Ökoenergien auf mehr als 28 Milliarden Euro. Allein in den nächsten zehn Jahren sollen in Deutschland 235 Milliarden Euro in Anlagen zur Erzeugung von Strom und Kraftstoffen aus erneuerbaren Energien investiert werden. Damit übertreffen diese Investitionen bereits die Investitionen im Bereich der konventionellen Strom- und Gasversorgung. (5)

Auch der Arbeitsmarkt profitiert

Diese Entwicklung macht sich auch auf dem Arbeitsmarkt bemerkbar. In den kommenden zehn Jahren sollen in der Branche mindestens 500 000 Menschen beschäftigt sein. Trotz der eventuell geplanten Subventionskürzungen bei der Solarenergie, bleiben die erneuerbaren Energien damit auch weiterhin ein attraktiver Arbeitsmarkt, nicht nur für Ingenieure. Zusätzlich zur Solarindustrie und der Bioenergie zählt die Windkraft zu den wichtigsten Sparten in der Energiebranche, die inzwischen rund 280 000 Mitarbeiter beschäftigt. Die Zahl der Stellenangebote im Bereich der erneuerbaren Energien ist im letzten Jahr weiterhin angestiegen. Im ersten Quartal 2009 gab es einen Zuwachs von 25 Prozent im Vergleich zum Jahr 2008. Auch die Anzahl der Studiengänge für Ökoenergien ist auf 260 gestiegen. Besonders spezialisierte Ingenieure haben hervorragende Aussichten auf dem Arbeitsmarkt. (5), (6)

Fallbeispiele

Expo mit Schott-Fassade

Der Spezialglashersteller Schott liefert für die Weltausstellung in Shanghai für den deutschen Pavillon eine 383 Quadratmeter große Außenfassade bestehend aus transparenten Photovoltaik-Solarmodulen. Die Glasfassade soll zeigen, dass Solartechnik auch als Außenhülle dienen kann. Im Deutschen Pavillon der Expo ist der Mainzer Spezialglashersteller Schott mit mehreren Produkten vertreten. Der Pavillon wird im Auftrag des

Bundeswirtschaftsministeriums betrieben und hat eine 3 600 Quadratmeter große Ausstellungsfläche. (8)

Google investiert in Windparks

Der Internetkonzern Google beteiligt sich gleich an zwei Windpark-Projekten in den USA und bessert so sein Image im Bereich Umwelt aus. Insgesamt investiert das Unternehmen 29,4 Millionen Euro. Die beiden Windparks in dem Bundesstaat North Dakota verfügen über eine Leistung von 169,5 Megawatt. Dadurch sollen rund 55 000 amerikanische Haushalte mit Energie versorgt werden. Damit hat Google ein weiteres Projekt im Bereich erneuerbare Energien an Land gezogen. Vorher gab es bereits Projekte im Bereich Solarenergie und Erdwärme. Der Suchmaschinenkonzern betreibt mehrere große Rechenzentren, die einen hohen Energiebedarf haben. Deswegen setzt sich das Unternehmen stark für regenerative Energien ein. (9)

Innovatives Null-Energie-Hotel eröffnet

In München möchte die Derag Hotel and Living AG & Co. KG ein neues Hotel mit einer sogenannten

Null-Energie-Bilanz bauen. Neben den üblichen Hotelzimmern sollen auch moderne Appartements entstehen. Um später hohe Unterhaltskosten zu vermeiden, wollen die Eigentümer vorher in die energiesparsame Bauweise investieren. Das gesamte Gebäude ist so geplant, dass der Energieverbrauch für Heizung, Kühlung und Trinkwassererwärmung fast vollständig durch die selbst generierte erneuerbare Energie gedeckt wird. Die Eröffnung ist für das Jahr 2011 geplant. (7)

Siemens punktet bei Solarenergie

Der Siemens-Konzern profitiert nicht nur bei der Windenergie oder bei der Erstellung der passenden Technik für die intelligenten Stromnetze, sondern auch bei der Solarenergie. Das Unternehmen baut soeben sein erstes solarthermisches Kraftwerk in Lebrija, einem Dorf ca. 80 Kilometer südlich von Sevilla. Die Firma mit dem Namen Solel Solar Systems (SSS) stellt 6 048 Parabolen auf. SSS wurde von Siemens vor einem halben Jahr übernommen. Im Januar 2011 geht das neue Kraftwerk ans Netz und kann 50 000 spanische Haushalte versorgen. Siemens möchte mit diesem Auftrag beweisen, dass es im Bereich Solarenergie ebenfalls Spitzenreiter ist. Insgesamt hat das Unternehmen 300 Millionen Euro in das Projekt investiert. Zukünftig will Siemens mit seinen Plänen für das multinationale Desertec-Projekt Erfolg haben. Ziel bei diesem Projekt ist es, Sonnenstrom aus der Sahara nach Europa zu leiten. Siemens ist Gründungsgesellschafter der Desertec Foundation, die sowohl von der Bundesregierung wie auch der Europäischen Union unterstützt wird. Ebenfalls beteiligt sind u.a. die Deutsche Bank, Munich Re, RWE und E.ON. Siemens möchte im Bereich der Solartechnik weltweit die Nummer eins werden. (4)

Digitale Stomzähler im Focus

Im Markt für digitale Stromzähler tummeln sich bereits diverse Anbieter. Einer der ersten Anbieter eines digitalen Stromzählers war die EnBW-Tochter Yellow zusammen mit ihrem IT-Partner Cisco Systems. Techem hat bereits 60 000 Wohnungen unter Vertrag mit dem Energiesparsystem Adapterm einer sogenannten Smart-Sub-Metering-Lösung, die Daten zum Heizenergieverbrauch und Wärmebedarf per Funk sammelt und mit einer Heizenergieersparnis von mindestens sechs Prozent wirbt. Ein komplettes Funksystem für Smart-Home-Grids, das mit Dienstleistern, Netzbetreibern und Energielieferanten verbunden ist, hat die Firma Minol entwickelt. Smart Metering für kleine Wohneinheiten bietet Brunata Metrona zusammen mit E.ON Bayern an. (10)

Weiterführende Literatur

(1) Watt aus dem Meer
aus Der Spiegel, 26.04.2010, Nr. 17, Seite 46

(2) Die Strom-Offensive
aus Die ZEIT Nr. 18 vom 29.04.2010 Seite 023

(3) Erneuerbare Energien Stromnetze werden intelligent
aus HANDELSBLATT online 24.04.2010 08:07:20

(4) Probelauf für das Jahrhundertprojekt Siemens baut sein erstes solarthermisches Kraftwerk - Und übt schon mal für das 400-Milliarden-Unternehmen Desertec
aus DIE WELT, 23.04.2010, Nr. 94, S. 10

(5) Milliardeninvestitionen in erneuerbare Energien
aus CHEManager 8/2010

(6) Platz für Ingenieure, so weit das Auge reicht
aus VDI NR. 05 VOM 05.02.2010 SEITE 18

(7) Null-Energie-Hotel für München
aus Allgemeine Hotel- und Gastronomie-Zeitung Nr. 17 vom 24.04.2010 Seite 023

(8) Solartechnologie aus Mainz auf der Expo
aus Saarbrücker Zeitung vom 03.05.2010

(9) Google gibt 39 Millionen Dollar für Wind aus
aus Spiegel Online, 04.05.2010

(10) Auf der Suche nach dem smarten Weg
aus Immobilienwirtschaft, Heft 02/2010, S. 58

Impressum

Öko-Energie in Deutschland - wie deutsche Unternehmen davon profitieren

Bibliografische Information der deutschen Nationalbibliothek

Die Deutsche Nationalbibliothek verzeichnet diese Publikation in der deutschen Nationalbibliografie; detaillierte bibliografische Daten sind im Internet über http://dnb.d-nb.de abrufbar.

ISBN: 978-3-7379-1263-1

© 2015 GBI-Genios Deutsche Wirtschaftsdatenbank GmbH, Freischützstraße 96, 81927 München, www.genios.de

Alle Rechte vorbehalten. Dieses Werk ist einschließlich aller seiner Teile – z.B. Texte, Tabellen und Grafiken - urheberrechtlich geschützt. Jede Verwertung außerhalb der Grenzen des Urheberrechtsgesetzes bedarf der vorherigen Zustimmung des Verlags. Dies gilt insbesondere auch für auszugsweise Nachdrucke, fotomechanische

Vervielfältigungen (Fotokopie/Mikroskopie), Übersetzungen, Auswertungen durch Datenbanken oder ähnliche Einrichtungen und die Einspeicherung und Verarbeitung in elektronischen Systemen.